VILLE DE LIMOGES

PROJET

DE

DÉRIVATION DES EAUX

DE LA PARTIE SUPÉRIEURE

DE LA VALLÉE DE L'AURANCE

ET

DE DISTRIBUTION DE CES EAUX DANS LA VILLE

RAPPORT

DE M. GRELLET

INGÉNIEUR EN CHEF

LIMOGES

IMPRIMERIE DE CHAPOULAUD FRÈRES

Rue Montant-Manigne, 7

—

1863

AVANT-PROPOS.

Il est impossible que la ville de Limoges reste dans la situation fâcheuse où elle se trouve par rapport à son approvisionnement d'eau, situation dont la gravité a été rendue évidente pour tout le monde par les sècheresses extraordinaires que l'on vient de traverser en 1861 et 1862.

J'ai toujours été excessivement frappé du contraste entre l'abondance des sources qui, pendant l'été, se répandent sur les terrains des campagnes du département, y entretiennent une végétation et une fraîcheur des plus agréables, et la pénurie des eaux dont notre ville dispose actuellement.

Certainement dans les temps anciens on a tiré un bon parti des sources qui naissent à proximité de Limoges; mais le volume d'eau qu'elles fournissent n'est plus en rapport avec la population actuelle et l'accroissement qu'elle tend à prendre chaque année. — Aussi la ville la plus importante du centre de la France, qui est assise au milieu du massif montagneux l'un des mieux arrosés peut-être de tout le territoire, est-elle privée, pendant les chaleurs les plus fortes, de la possibilité de faire répandre sur ses voies publiques les eaux nécessaires au lavage des ruisseaux, ou, si elle le fait, c'est en prélevant sur l'approvisionnement déjà si restreint des bornes-fontaines, auxquelles on ne puise qu'avec une lenteur désespérante. — Les établissements publics, les fabriques, les casernes, manquent d'eau, et souvent, lorsqu'un incendie éclate, on est embarrassé pour le combattre.

J'ai pensé remplir un devoir en cherchant à remédier à ces inconvénients déplorables, et, avec l'aide de l'Administration et du Conseil municipal, j'ai pu mener à fin le projet que je présente aujourd'hui : suivant les prévisions, Limoges serait pourvu, à son point culminant, indépendamment des ressources actuelles, d'un volume d'eau par 24 heures qui ne serait jamais inférieur à 3000 mètres cubes ou 3000000 de litres.

Je demande qu'on ne s'effraie pas de la dépense nécessaire pour réaliser ce projet. — La ville retrouvera certainement une partie de l'intérêt de ses avances dans un délai restreint par les concessions qu'elle pourra consentir aux particuliers, et j'ai même la conviction que l'intérêt des fonds consacrés à ce travail sera plus tard payé par cette ressource.

Rien n'est plus rare à Limoges que de rencontrer des maisons pourvues d'une prise d'eau, et cependant, si cette jouissance est précieuse pour les personnes aisées, surtout lorsque l'eau peut parvenir à tous les étages d'une habitation, quel prix n'acquiert-elle pas lorsqu'il s'agit de maisons peuplées par six, huit et dix ménages d'ouvriers, ne disposant chacun que d'une chambre, et placés dans des conditions telles que les habitudes de propreté doivent être très-minutieuses afin que l'agglomération de plusieurs personnes dans un local restreint ne nuise pas à leur santé !

Si l'eau était disponible à chaque étage de ces maisons, quelle perte de temps n'éviterait pas la mère de famille ! Quelle amélioration ne verrait-on pas s'introduire dans la tenue du linge de corps, des ustensiles domestiques, des escaliers, des paliers, des vestibules, des cours et corridors, des planchers des chambres, etc., etc. ! Je ne crois pas exagérer en disant qu'il s'opèrerait une transformation profonde sous ce rapport, et que le nombre des demandes en concession d'eau serait très-considérable.

M. Massaloux, dans son rapport joint au projet, a compté avec raison que ce produit des concessions viendrait atténuer les dépenses de la ville ; mais je pense qu'il n'a pas assez largement calculé son rendement.

Les besoins auxquels l'eau satisfait sont si nombreux et si variés, son usage, lorsqu'elle est mise abondamment à la portée des habitants d'une ville, s'accroît avec tant de rapidité que j'ai la persuasion de rester au-dessous de la vérité en disant que le tiers des ressources amenées quotidiennement au point culminant de Limoges, c'est-à-dire 1000 mètres cubes, serait promptement absorbé par les concessions.

A cause de la possibilité de faire parvenir cette eau à tous les étages des maisons, il me paraît que le prix de 50 fr. par an pour 1000 litres disponibles chaque jour n'est pas exagéré, puisque pour 5 centimes une fois payés on aurait un total de 365 litres montés à la portée de tous les locataires.

1000 mètres cubes à 50 fr. l'un produiraient à la ville le revenu du capital d'un million de francs, et, en réfléchissant qu'il existe à Limoges 4198 maisons, je suis conduit à conclure que 1350 mètres cubes pourraient être demandés dans un délai qui ne serait pas trop long, et que dès lors les intérêts de la dépense du projet seraient payés par les concessions. — Au-delà de 1350 mètres cubes, toute concession nouvelle procurerait un bénéfice.

Il est clair du reste que les concessions particulières pourraient être faites sans nuire aux services généraux, pour lesquels il resterait largement au moins 1500 mètres par jour dans les moments des sècheresses les plus extraordinaires.

Telles sont les observations succinctes par lesquelles j'ai cru utile de faire précéder mon rapport.

L'Ingénieur en chef de la Haute-Vienne,

GRELLET.

Limoges, le 28 août 1862.

VILLE DE LIMOGES

PROJET

DE

DÉRIVATION DES EAUX

DE LA PARTIE SUPÉRIEURE

DE LA VALLÉE DE L'AURANCE

ET

DE DISTRIBUTION DE CES EAUX DANS LA VILLE

Rapport de l'Ingénieur en chef

Dans un rapport du 28 juillet 1859, j'ai indiqué la situation précaire dans laquelle se trouve la ville de Limoges par rapport à son approvisionnement d'eau. En même temps j'ai présenté les résultats de l'étude sommaire que j'avais faite alors pour remédier à cette situation fâcheuse, et j'ai proposé de dériver les eaux de la partie supérieure de la vallée de l'Aurance au col de La Mauvandière, qui domine la plus grande partie de la ville.

Suivant mes prévisions, les fontaines actuelles, mieux aménagées, devaient être réservées exclusivement pour la boisson des habitants, tandis que les eaux de l'Aurance auraient fourni le moyen de satisfaire aux divers services publics et particuliers pour lesquels l'eau est indispensable, et qui se trouvent en souffrance à Limoges.

Par sa délibération du 6 août 1859, le Conseil municipal, sur la proposition de M. Armand Noualhier, qui remplissait alors les fonctions de Maire, m'autorisa à procéder à l'étude sur le terrain et à la rédaction définitive du projet. Les crédits nécessaires furent libéralement ouverts, et je puis aujourd'hui fournir mon travail.

Je dois dire du reste que, depuis l'année 1859, j'ai toujours trouvé beaucoup d'encouragements à continuer l'étude entreprise, soit de la part de M. Ardant, Maire sortant, et de son administration, soit de la part du nouveau Conseil municipal, et que ces encouragements m'ont été précieux ainsi qu'à mes collaborateurs.

Je vais entrer dans les détails qui me paraissent indispensables pour justifier la nécessité et l'utilité du projet, ainsi que le système proposé.

Nécessité et utilité du projet.

La nécessité et l'utilité du projet résultent de la trop faible quantité d'eau mise actuellement à la disposition des habitants de Limoges, et des grands avantages qu'un approvisionnement suffisant procurera aux intérêts publics et privés, non-seulement dans le présent, mais encore dans l'avenir.

Chiffre de la population.

D'après les recensements successifs qui ont été opérés en 1851, 1856 et 1861, la population de Limoges a été trouvée de 37588, 41771 et 46227 habitants : il en résulte que, pendant chaque période quinquennale, l'augmentation a été de 4143 et 4456.

Pendant les dix dernières années, l'accroissement s'est élevé à 8639 habitants. — On est généralement d'accord qu'il ne s'arrêtera pas, et qu'en 1871 la population agglomérée, c'est-à-dire celle à laquelle il faudra fournir un approvisionnement d'eau suffisant, sera de 56000 âmes, chiffre sur lequel j'ai raisonné dans mon avant-projet.

Ressources dont la ville de Limoges pourrait disposer dans les années ordinaires et dans les années exceptionnelles en raison des fontaines qui l'alimentent.

Dans son mémoire, rédigé le 9 novembre 1858, sur la situation des fontaines, M. Régnault, architecte de la ville, a établi comme il suit, en mètres cubes et par 24 heures, le débit des sources qui alimentent la population :

	m.	c.
Bassin d'Aigoulène	358	»
Bassin des Barres	186	»
Bassin des Carmes	31	68
Bassin des fonts Saint-Pierre ou d'Encombe-Vineuse	352	03
Bassin des Casseaux	23	32
Cube total	951	03

Les jaugeages qui ont donné ces résultats ont été faits pendant les basses eaux des sources et dans une année ordinaire. En les vérifiant par moi-même, je les ai trouvés exacts:

Cependant, même dans les années ordinaires dont je parle, ce cube de 951^{m} est loin d'être mis à la disposition des habitants, parce que, pour quelques-uns des bassins, il se fait des pertes dans le trajet qui précède le réseau des conduites, et que, pour tous, le système de la distribution n'est pas établi de manière à ménager toutes les ressources.

En présentant, le 30 novembre 1860, un projet détaillé pour l'amélioration du bassin des fonts Saint-Pierre ou d'Encombe-Vineuse, j'ai prouvé qu'il se perdait plus de 86m cubes sur 352 que fournit la source, c'est-à-dire le quart environ de son débit. — D'après l'examen du système de distribution pour les autres bassins, il se fait nécessairement des pertes analogues, en sorte que, dans une année ordinaire, au moment de la saison sèche, les habitants de Limoges sont loin d'avoir à leur disposition les 17 litres que l'on obtient en divisant 951000 litres par 56000, chiffre de la population sur laquelle on doit calculer.

Par l'exécution successive des travaux d'amélioration dont l'aménagement des fontaines actuelles est susceptible, on arriverait, dans les années ordinaires, à rendre cette ressource de 17 litres par tête et par 24 heures effectivement disponible. — Ce serait un grand bienfait, car les eaux des fontaines actuelles sont d'excellente qualité; mais, dans une période de temps un peu longue, lorsque la population aura pris l'accroissement que promet le passé, on doit s'attendre à ce que ce volume tout entier ne soit plus même suffisant pour la boisson et les usages alimentaires.

Envisageons maintenant ce qui se passe pendant les années exceptionnelles, comme 1861 et la première moitié de 1862.

Depuis le mois d'avril 1861, l'abaissement des sources a été extraordinaire, et la moitié de 1862 est déjà passée que cet abaissement persiste encore. — Je puis donner une idée de la pénurie de l'approvisionnement que Limoges a eu à sa disposition pendant cette période de temps en disant que, le 27 mars 1862, la source des Barres (qui donne dans une année ordinaire un produit de 186^{m} par 24 heures) s'est trouvée réduite à 31^{m},20 d'après le jaugeage que j'en ai fait.

Les autres fontaines ont dû nécessairement éprouver des amoindrissements analogues, et l'on a pu remarquer sur la place de La Mothe, l'affaiblissement persistant et très-prononcé, du débit des eaux d'Aigoulène ; les bornes-fontaines alimentées par les sources des fonts Saint-Pierre ou d'Encombe-Vineuse ne fournissent qu'un mince filet d'eau, qui force les habitants à de longues stations avant de pouvoir se procurer leur approvisionnement. — Si donc on veut se rendre compte de la ressource sur laquelle la population de Limoges arrivée au chiffre de 56000 âmes pourra compter dans les années exceptionnelles avec les fontaines actuelles en les supposant bien aménagées, il faudra, en se tenant certainement au-dessous des réductions réelles à faire, retrancher 1/4 sur les bassins d'Aigoulène, des fonts Saint-Pierre, des Carmes et des Casseaux, et ne compter les eaux du bassin des Barres que pour 31^{m},20, du moment où ce chiffre a été obtenu par le seul jaugeage direct que les circonstances m'aient permis d'opérer pendant cette période exceptionnelle de sècheresse. En agissant ainsi, l'on trouvera que les sources des environs donneraient seulement par 24 heures 604990 litres, et que, en les répartissant entre les 56000 habitants, chacun n'aurait à sa disposition que 10 lit. 80.

On comprend, d'après cet exposé, l'urgence d'ajouter dans les années exceptionnelles au volume des eaux potables qui alimentent actuellement Limoges, tout en satisfaisant aux autres nécessités dont j'ai parlé en commençant, c'est-à-dire d'arroser et laver régulièrement les rues et les égouts; d'établir quelques fontaines monumentales; de fournir une abondante distribution d'eau à l'hôpital, aux prisons, aux casernes et à tous les autres établissements publics; d'être à même de concéder aux particuliers des prises pour usages industriels et domestiques; enfin d'avoir toujours à la disposition de la compagnie des pompiers, en cas d'incendie, des réserves abondantes disponibles sur plusieurs points de la ville.

Système proposé pour procurer une abondante distribution d'eau.

Dans sa délibération du 21 novembre 1857, le Conseil municipal avait émis le vœu que des études fussent faites pour conduire en ville une ou plusieurs des petites rivières environnantes.

A cette époque, j'avais déjà fait tracer une ligne de pente qui, partant du col La Mauvandière, se développait sur le versant gauche de l'Aurance en suivant les sinuosités du sol, et remontait avec une inclinaison de $0^{m},40$ par kilomètre.

La rencontre de cette ligne de pente avec l'Aurance avait lieu au droit de Grossereix, et le développement du tracé était de 12 kilomètres environ. — Le faîte séparatif entre les eaux de la Vienne et celles de l'Aurance présentant une dépression ou un col sensible au lieu de La Mauvandière, près du bureau de l'octroi dit du Petit-Tour, je concevais qu'une rigole d'irrigation à ciel ouvert suivant le tracé dont je viens de parler prendrait une partie du débit de l'Aurance, et procurerait de notables avantages en facilitant l'irrigation des terrains inférieurs à son parcours; en permettant de laver toutes les rues de Limoges, et d'arroser ensuite avec grand profit les prairies et jardins environnant cette ville; mais je compris bien vite, en étudiant la nécessité de pourvoir d'eau les nombreux établissements publics et d'en mettre à la disposition des particuliers pour les usages industriels et domestiques, qu'il y avait mieux à faire que de réaliser ce projet d'une rigole qui n'aurait pas permis de donner satisfaction à tous les besoins d'une cité populeuse où l'approvisionnement d'eau est complètement insuffisant.

En effet, les eaux destinées à l'usage d'une grande ville, quand bien même il ne s'agirait pas d'eaux potables, ne peuvent y être conduites par un canal à ciel ouvert et à faible pente, où la congélation de la masse liquide a lieu en hiver lorsque la rivière alimentaire n'est pas encore prise, où les eaux s'échauffent très-fortement en été, s'altèrent facilement, et dont une grande quantité d'ailleurs s'évapore en pure perte.

Si au contraire la dérivation est maintenue à une profondeur d'un mètre environ au-dessous de la surface du sol, ou si elle est enveloppée par un massif de remblais pilonnés et gazonnés ; si de plus des précautions particulières sont observées pour l'introduction des eaux dans ladite dérivation, l'expérience apprend que, par suite d'un trajet souterrain suffisamment long, la température initiale des eaux s'abaisse pendant les chaleurs, et se relève en hiver assez sensiblement pour être comprise entre 10 et 16 degrés centigrades, circonstance fort avantageuse pour la plupart des usages auxquels on les emploie. J'ai donc pensé qu'il fallait adopter, pour conduire les eaux de la partie supérieure de la vallée de l'Aurance au réservoir souterrain à construire au col de La Mauvandière dont j'ai déjà parlé, un aqueduc de dérivation souterrain donnant écoulement par sa propre pente aux eaux recueillies à l'aide d'un vaste drainage dans le sous-sol de la vallée au droit de Grossereix, à un niveau correspondant aux couches inférieures du gravier, dans les terrains pierreux ou dans les tufs que les sondes ont fait reconnaître sur ce point.

En cas d'insuffisance de ces eaux, une partie du produit pérenne de la rivière serait introduite dans l'aqueduc sans que son alimentation se trouvât compromise par la gelée. — La qualité des eaux devra d'ailleurs être très-bonne, comme le savent tous les propriétaires qui ont fait exécuter des drainages dans les terrains analogues de nos vallées. — Cette qualité des eaux ne pourra au surplus que se trouver améliorée par le produit des sources qui se rencontreront sur le trajet de l'aqueduc en fouillant son emplacement, et que je me propose d'y jeter par déversement, après les avoir captées à l'aide d'un drainage convenable.

Jaugeages de l'Aurance.

Il a été fait plusieurs jaugeages de l'Aurance à l'aide d'un déversoir à mince paroi de 0^{m},50 de largeur, sur l'arête duquel le niveau de l'eau, pris à une certaine distance en amont, présentait des hauteurs diverses auxquelles correspondaient des débits différents. Je mentionne ci-après les dates des opérations, les hauteurs observées et les débits par seconde, calculés par la formule $1{,}80 lh\sqrt{h}$, l étant la largeur de 0^{m},50, et h les hauteurs successives : lit.

Le 24 août 1857, h = 0^{m},145 ..... 34 60

Le 30 avril 1859, h = 0^{m},60 ...... 417 96

Le 23 juillet 1859, le moulin supérieur étant fermé, h = 0^{m},09 .... 23 90

Le 23 juillet 1859, lorsque le moulin travaillait, h = 0^{m},125 .... 39 »

Le moulin travaillait 10 heures sur 24 heures, en sorte que la moyenne du débit pendant 24 heures était, pour les deux dernières observations de, ci .... lit. 30 25

Le 22 août 1861, après plusieurs expériences, les vannes des moulins supérieurs ayant été ouvertes pendant près de 18 heures, et le régime régulier étant obtenu, on a trouvé pour h = 0^{m},084, et pour débit par seconde 21 90

Ce dernier jaugeage correspond aux conditions de moindre débit possible ; car l'année 1861 est une année tout-à-fait exceptionnelle par sa sècheresse, et les chaleurs étaient excessivement fortes au moment de l'opération.

Le produit de 22 lit. par seconde est donc le produit pérenne minimum sur lequel on peut compter pour l'Aurance au droit de Grossereix. — Ce volume peut être augmenté par celui que fournit le ruisseau des Gringeolles, affluant à l'Aurance en aval du point où les jaugeages du cours d'eau principal ont eu lieu.

Par ce motif, une opération a été faite sur ce ruisseau non loin du confluent à la date du 3 septembre 1861, et la hauteur dont le niveau de l'eau en amont du déversoir dépassait l'arête inférieure de ce déversoir a été de $0^{m},115$ pendant les trois heures sur vingt-quatre que le moulin des Gringeolles travaillait. Le débit se trouvait alors de 35 lit. 20 par seconde. — Quand la vanne du moulin était fermée, la hauteur de l'eau n'était plus que de $0^{m},05$, et le débit était réduit à 9 lit. 90 par seconde ; la moyenne par 24 heures est :

$$\frac{35^{l}20\times 3+9^{l},90\times 21}{24} = 13 \text{ lit. } 06.$$

Cette ressource pérenne peut s'ajouter à celle de l'Aurance moyennant quelques travaux peu coûteux de dérivation, en sorte que, dans les sècheresses les plus persistantes, on pourra compter sur une ressource minimum de 21 lit. 90+13 lit. 06 = 34 lit. 96, soit 35 lit. par seconde.

Mon projet étant établi, je l'ai dit déjà, pour prendre, par le moyen du drainage, dans le sol inférieur de la vallée, afin de les introduire dans l'aqueduc, les eaux que ce sous-sol fournira, et de demander seulement aux eaux pérennes de surface le volume complémentaire qui pourra être nécessaire, on voit que je puis, sans crainte de mécompte, énoncer cette assertion :

L'aqueduc de dérivation amènera au réservoir souterrain de La Mauvandière un volume d'eau qui ne sera jamais au-dessous de 35 *lit. par seconde, de* 2100 *lit. par minute, de* 126000 *lit. par heure, et de* 3024 *kilolit. par* 24 *heures.*

Ces 3024000 lit. par 24 heures étant répartis entre 56000 habitants, chacun d'eux aura à sa disposition 54 lit., provenant uniquement de la dérivation.

La section de la cuvette de l'aqueduc tel qu'il est projeté et les conditions de pente dans lesquelles il doit être établi permettront, dans les moments des eaux moyennes de l'Aurance, de conduire au réservoir, c'est-à-dire à $89^{m},753$ au-dessus du niveau de l'étiage de la Vienne au pont Neuf, un volume d'eau par 24 heures de 13000 mètres cubes.

Je n'ai pas besoin de faire ressortir quels avantages divers (1) la ville de Limoges pourra retirer de la conduite à son point culminant d'un volume d'eau aussi important, et je crois que par ces avantages mêmes se trouveront justifiées les dimensions de l'aqueduc telles que j'ai cru devoir les adopter en suivant les errements pratiqués pour l'alimentation de la ville de Dijon.

Il me reste maintenant à montrer que c'est bien en dérivant les eaux de l'Aurance que la ville de Limoges sera approvisionnée de la manière la plus certaine, la plus large et la plus économique.

La dérivation de l'Aurance fournit la meilleure solution de la question à l'étude.

Au premier aperçu, il semble que la Vienne, dont les eaux sont à la fois abondantes et salubres, comme le sont celles des cours d'eau de notre contrée, devrait être choisie pour former cet approvisionnement. Mais, quand on observe que le point culminant auquel il importe de faire parvenir les eaux est à 89^{m},753 au-dessus de l'étiage de cette

(1) Le réservoir de La Mauvandière et les six réservoirs secondaires projetés pouvant contenir ensemble un volume de 6000 kilolitres, cet approvisionnement permettra, en tout état de cause, d'assurer le service de la distribution en ville pendant plus d'un jour, et laissera libre, dans les eaux moyennes de l'Aurance, la partie du produit pérenne de la rivière que l'on voudra consacrer aux irrigations, soit aux abords de Limoges, soit sur le parcours de l'aqueduc.

rivière, on se rend compte que la question présente de sérieuses difficultés, et qu'elle ne pourrait être résolue que par des moyens mécaniques, à cause de la très-grande distance à laquelle il faudrait aller chercher les eaux de la Vienne pour les dériver, et des travaux considérables que cette dérivation exigerait.

La cote de l'épanchoir du tuyau ascensionnel dans le réservoir de La Mauvandière est fixée par le projet à 306^{m},503.

La cote de l'étiage de la Vienne à l'embouchure de la Combade est de 271^{m},454 ;

A Eymoutiers (pont de la route impériale n° 140), elle est de 386^{m},451.

Ce serait donc entre Eymoutiers et l'embouchure de la Combade qu'il faudrait placer l'origine de la dérivation des eaux de la Vienne, dérivation dont la longueur ne serait pas inférieure à 35 kilomètres, et dont le tracé rencontrerait des difficultés de terrain très-grandes.

Je n'ai donc pu songer à étudier cette dérivation, et j'ai dû seulement rechercher si je pouvais résoudre la question en élevant les eaux de la Vienne avec des machines.

Or les machines, par suite des réparations qu'elles exigent, présentent des inconvénients très-sérieux, et il faut que les circonstances soient bien favorables ou très-impérieuses pour que l'on se décide à faire reposer sur ce moyen l'approvisionnement d'une ville.

Comme on ne doit recourir aux machines à vapeur pour mettre en mouvement les pompes aspirantes et foulantes qui élèvent l'eau que si la force motrice à obtenir d'un cours d'eau vient à faire défaut, je vais d'abord examiner si la rivière de Vienne fournirait la force nécessaire pour élever au réservoir de La Mauvandière les 3000 kilol. par 24 heures que la dérivation de l'Aurance y conduira par le seul effet de la pente avec laquelle je propose d'établir cette dérivation.

La force motrice brute par seconde d'un cours d'eau est mesurée par le volume d'eau dont on peut disposer dans une seconde et par la chute du barrage de retenue.

La chute d'un barrage établi sur une rivière est la plus grande possible lorsque les eaux sont réduites au débit le plus faible qu'elles puissent donner. A mesure que le produit augmente, la chute du barrage diminue progressivement, jusqu'à devenir nulle lorsque sa crête est submergée.

Lorsqu'on emploie la nature de force dont je parle, il faut faire le calcul au moment des plus basses eaux connues, afin d'éviter tout mécompte, et l'on doit s'attendre à éprouver, dans les grandes crûes, une interruption presque totale du service des machines auxquelles la force sera appliquée. —

Cette interruption se fera également sentir au moment où la rivière sera prise par les glaces, quelles que soient les précautions auxquelles on ait recours.

Afin d'élever au réservoir de La Mauvandière 3000 mètres cubes par 24 heures, ou 35 lit. par seconde, en empruntant à la Vienne la force motrice nécessaire, je concevrais que la ville achetât l'usine appartenant à M. Constantin pour avoir à sa disposition, en basses eaux, tout le produit de la rivière, et que sur la rive droite on installât les pompes élévatoires, qui seraient mises en mouvement par une roue hydraulique (1).

(1) En employant des moyens mécaniques pour élever l'eau, on pourrait, au lieu de la transmettre d'abord à un réservoir supérieur général, construire plusieurs réservoirs qui seraient alimentés chacun par une conduite maîtresse séparée dans laquelle l'eau serait refoulée par les pompes. La ville serait ainsi partagée en plusieurs zônes complètement distinctes; mais on aurait une plus grande longueur de conduites maîtresses que dans le système sur lequel je raisonne; on devrait établir les pompes en plus grand nombre, et leurs pistons devraient avoir des courses différentes, suivant la hauteur du réservoir auquel aboutirait la conduite.

La complication des mécanismes viendrait compenser l'avantage qu'on aurait à ne pas élever toute l'eau nécessaire à la plus grande hauteur, et le système de distribution qui serait ainsi réalisé se trouverait d'ailleurs être très-inférieur à celui consistant à faire arriver tout l'approvisionnement au point culminant de la ville.

Un jaugeage fait avec soin le 3 septembre 1861, au moment des plus basses eaux observées au pont Neuf, a donné pour le débit par seconde de la Vienne 5^{m},811.

La chute du barrage Constantin, pendant cette opération, était de 0^{m},85, et par conséquent la force motrice brute, de 5811^{k} × 0^{m},85 = 4939^{km},35.

L'étiage ordinaire de la Vienne au pont Neuf est à la cote 216^{m},96 au-dessus du niveau de la mer; mais, le 3 septembre 1861, le plan d'eau dans le bief de l'usine Constantin s'était abaissé de 0^{m},21 en contre-bas dudit étiage, et se trouvait à la cote 216^{m},75.

	m.
Le puisard des pompes élévatoires devant être établi à 1^{m} environ au-dessous de l'eau retenue, on pourrait prendre, dans l'hypothèse que j'examine, pour le niveau inférieur de l'eau à soulever, la cote................	215,75
L'épanchoir du tuyau vertical par lequel se fera le remplissage du réservoir devant être à la cote de.........	306,50
on voit que la hauteur effective d'élévation des eaux est de............	90,753
Il faut y ajouter la charge nécessaire pour vaincre la résistance qu'un tuyau présente toujours à l'écoulement, et	
A reporter......	90,735

	m.
Report......	90,735
qui est la même lorsque l'eau est refoulée que lorsqu'elle est mise en mouvement par l'action de la gravité.	
Le tuyau d'ascension aura 2100^{m} de développement, et son diamètre devrait être de 0^{m},30 pour que l'on pût obtenir un débit de 35 lit. par seconde avec une vitesse de 0^{m},50, qui ne doit pas être dépassée si on veut ménager les soupapes et clapets des pompes.	
La charge pour produire l'écoulement est, dans ces conditions, de.........	1,925
Elle est calculée pour un tuyau neuf; et, afin d'avoir le même débit lorsque le tuyau serait ancien, et de tenir compte des coudes et autres obstacles à l'écoulement, je compterai sur la même hauteur.........................	1,925
Donc il faudrait calculer comme si l'on avait à élever l'eau à la hauteur verticale de....................	94,603

35 lit. élevés par seconde à 94^{m},603 représentent en kilogrammètres une résistance à vaincre de 3311^{km},105 ou, en nombre rond, de.... .... 3311^{km}

On a vu que la force motrice brute de la Vienne

au barrage Constantin, sur laquelle on doit calculer, est seulement de $4939^{km},35$.

Pour avoir la force utile provenant d'une roue hydraulique mise en mouvement par la chute du barrage, je dois réduire de 2/5 le nombre 4939,35, en sorte que la force effective disponible sur l'arbre du volant de la roue ne saurait être évaluée qu'à $2963^{km}61$.

Mais il y a en outre des pertes de force dans les transmissions de mouvement, dans les frottements des pistons et des clapets des pompes. On évalue ces pertes à 25 p. °/ₒ de la force utile de la roue hydraulique, en sorte qu'en résumé la Vienne ne fournirait que :

$$2963^{km},61 \times 0,75 = 2222^{km},71.$$

et ne permettrait d'élever à $94^{m},663$ de hauteur que $\frac{2222^{km},71}{94,603} = 23$ lit., 49, c'est-à-dire seulement les 2/3 (1) des 35 lit. que l'aqueduc amènera.

Si je considère ensuite les périodes de temps pendant lesquelles la crûe des eaux rendra la chute du barrage assez faible pour que la roue hydraulique soit obligée de chômer, il faudra calculer que, pendant plus de trois mois de chaque année, à cause des fortes ou basses 3aux et des glaces, l'approvisionnement sera très en souffrance, et pourra manquer pendant plusieurs jours.

(1) Le rapport $\frac{2222^{km},71}{3311^{km}} = 0,671$.

Avec l'aqueduc, la crûe de l'Aurance profitera aux irrigations, puisque cet ouvrage permettra de conduire jusqu'à 153 lit. par seconde, et que, une fois tous les réservoirs remplis, rien n'empêchera de déverser tout le débit de l'aqueduc sur les terrains susceptibles d'irrigation. Je remarquerai d'ailleurs que, lorsque le débit moyen de la Vienne rendra possible d'attribuer au mouvement de la roue hydraulique un volume d'eau assez considérable pour que, nonobstant la diminution de la chute, la force disponible soit augmentée par rapport à ce qu'elle est en étiage, on n'obtiendra de doubler, de tripler, etc., etc., l'approvisionnement qu'en installant une deuxième, une troisième, etc., etc., roue hydraulique, chacune avec son équipage de pompes distinct, et en posant autant de tuyaux séparés.

Il me paraît hors de contestation que l'aqueduc de dérivation (dont les dimensions intérieures sont d'ailleurs telles qu'il sera facile de le visiter et de l'entretenir) présente de grands avantages par rapport à cette multiplicité d'appareils mécaniques, nécessairement dispendieux à établir et à maintenir en bon état, du moment qu'il permettra de conduire par seconde jusqu'à 153 litres.

En résumé : la force motrice de la Vienne est à peine suffisante pour assurer pendant les basses eaux l'ascension au réservoir dominant la ville des deux tiers du volume que l'aqueduc de dérivation peut y amener ; pendant les fortes crûes où la chute du barrage Constantin est presque effacée, l'approvisionnement ne pourra pas se faire : cet approvisionnement sera fort compromis pendant les glaces ; on ne pourrait augmenter la chute du barrage sans nuire aux chantiers de dépôt des bois flottés, et surtout à la stabilité du ramier destiné à l'arrêt de ces bois ; l'emplacement de la prise d'eau en aval de ces chantiers et des points où débouchent plusieurs égouts et ruisseaux traversant la ville aurait pour conséquence de faire élever au réservoir des eaux chargées d'impuretés ; les eaux de la Vienne ne seraient pas assez fraîches en été, seraient trop froides en hiver, lorsqu'elles parviendraient au réservoir, attendu que la durée de leur trajet dans le tube ascensionnel ne serait que de 17 minutes 1/2.

Maintenant devais-je proposer l'emploi de machines à vapeur pour aider à l'élévation des eaux de la Vienne ? Je crois que la négative résultera des observations ci-après développées.

La force élastique de la vapeur est indépendante des variations de régime que présente un cours d'eau ; mais la dépense annuelle en combustible, en huile, en graisse, les frais de grosses et menues réparations de toute espèce, les interruptions dans le service auxquelles la fragilité des appareils exposé, les salaires à payer à des ouvriers d'élite, comme les mécaniciens et les chauffeurs nécessaires ; tous ces motifs doivent faire qu'on ne doit recourir à ce procédé que s'il n'est pas possible d'agir autrement.

Je suis donc convaincu que l'Administration municipale partagera mon opinion ; mais néanmoins je vais examiner les dépenses auxquelles ce système entraînerait.

La force utile en chevaux-vapeur doit être de $\frac{3311^{km.}}{75^{km.}}$, car on compte le cheval-vapeur pour 75^{km}.

On devrait donc employer une machine à vapeur de la force utile de **44,14**, soit de **45** chevaux (1).

D'après les dépenses faites dans d'autres localités pour des travaux analogues, il faut compter

	fr.	c.
qu'une machine de cette force, munie de ses deux chaudières, coûtera toute montée........................	56000	»
La construction des fourneaux doit être évaluée à..................	5000	»
La transmission des mouvements à l'équipage des pompes, avec arbre en fer forgé, coûtera............	9000	»
A reporter.......	70,000	»

(1) L'emploi de la vapeur n'aurait lieu généralement que pour aider au travail de la roue hydraulique. Mais cependant, dans certains moments, elle devrait suffire seule à l'élévation de tout l'approvisionnement

	fr.	c.
Report	70000	»
L'équipage des deux pompes à double jeu avec corps de pompes en bronze	35000	»
Les fondations et le solage de tout ce mécanisme doivent être évalués à	5000	»
En sorte que la dépense à faire pour un appareil moteur est de.....	110000	»
Comme il faut un double appareil sous peine de compromettre l'approvisionnement en cas d'accident, je dois compter à nouveau..........	110000	»
Deux chaudières ou générateurs de la vapeur sont affectés à chaque machine; mais il est indispensable d'avoir, pour parer à toute éventualité, une chaudière de rechange et son fourneau.....................	7000	»
A chacun des deux équipages de pompes doit correspondre un réservoir à air avec appareil pour renouveler l'air, à 1500 fr. l'un, ci......	3000	»
A l'origine du tuyau ascensionnel, il faut un grand réservoir à air avec un appareil pour le renouveler.....	1500	»
Trois grands robinets-vannes à		
A reporter......	221500	»

	fr.	c
Report	221500	»
300 fr. l'un	900	»
Outils et matériel de l'établissement	1000	»
Tuyau d'ascension de 0^m,30 de diamètre, 2100^m à 50 fr. l'un. . . .	105000	»
Bâtiment pour les machines, les chaudières et fourneaux, y compris la cheminée	40000	»
Acquisition de terrain	12000	»
Somme à valoir pour éventualités	9600	»
Dépense totale de premier établissement de l'appareil à vapeur destiné à élever les eaux de la Vienne.	400000	»

Cette évaluation ne paraîtra pas exagérée quand je dirai qu'à Niort il a fallu dépenser 151864 fr. 74 c. pour loger et installer deux machines à vapeur avec les chaudières et fourneaux susceptibles d'élever par 24 heures à 41^m,50 de hauteur verticale un volume de 2000 kilol., le tuyau ascensionnel n'ayant que 190^m de longueur.

A Limoges, il s'agirait de faire parvenir par 24 heures à 89^m,753 de hauteur verticale un volume de 3000 kilol. avec un tube ascensionnel de 2100^m de longueur.

Je crois donc, je le repète, ne pas avoir exagéré la dépense, et je puis dire que, si je calculais à 100000 fr., comme cela doit être, l'acquisition de l'usine Constantin, si j'évaluais la dépense pour l'établissement de la roue hydraulique, avec les équipages de pompes qu'elle mettrait en mouvement lorsque la force motrice de la Vienne pourrait être employée, l'achat des terrains, la construction des bâtiments nécessaires, enfin la pose d'un tuyau ascensionnel supplémentaire pour se procurer une augmentation d'approvisionnement, ou parer à tout accident éprouvé par la conduite maîtresse, il faudrait faire, dans le système que j'examine, pour remplacer l'aqueduc de dérivation, une mise de fonds de, ci.................. 650000 fr.

D'après les remarques déjà présentées, il faut, en employant les machines à vapeur, faire entrer en ligne de compte le capital représentatif de la dépense annuelle en combustible, en huile, graisse, les frais de grosses et menues réparations, les salaires du mécanicien, du chauffeur, sans avoir égard aux charges qu'impose, tous les dix ou quinze ans, la nécessité de perfectionner les appareils pour les mettre au niveau des progrès de la science mécanique, parce que ces améliorations dans les engins se traduisent en général par une moindre consommation de combustible.

Pour raisonner dans l'hypothèse la plus économique, je suppose qu'on ne fera marcher la machine à vapeur que dans les moments de chômage, ou bien de travail insuffisant de la roue hydraulique, ou encore lorsqu'on voudra élever plus de 35 lit. par seconde au réservoir.

La ville de Niort est alimentée par un système mixte analogue à celui que j'étudie, et la Sèvre-Niortaise n'a pas un régime essentiellement différent de celui de la Vienne. D'après les renseignements que j'ai reçus de M. le Maire de cette ville, les machines à vapeur sont en mouvement pendant 86 jours chaque année, et, pour suppléer au manque de force de la roue hydraulique, elles ont dû élever annuellement au réservoir 152976^{m} cubes d'eau.

En divisant par 86, on trouve que, pendant la période de travail, la machine à vapeur a élevé par jour 1778^{mc},79. J'adopterai ces résultats en les modifiant dans le rapport de 3000^{mc} à 2000^{mc}, qui représentent respectivement les approvisionnements quotidiens né essaires aux villes de Limoges et de Niort.

La machine de Limoges devrait donc élever par jour, pendant 86 jours, ci $1778^{m},79 \times \frac{3}{2}$ $= 2668^{m},18$.

Or, d'après les expériences faites avec beaucoup de soin sur les bonnes machines employées à Niort, chaque mètre cube d'eau élevé au réservoir, c'est-à-dire à 41^{m},50 de hauteur verticale, exige une consommation de charbon de $0^k,3706$. L'épanchoir du réservoir de La Mauvandière étant à 90^m753 au-dessus de l'eau du puisard des pompes, je ne commettrai pas d'erreur notable en supposant qu'il faudra pour élever un mètre cube d'eau à cette hauteur :

$$\frac{0^k,3706}{41^m,30} \times 90^m,753 = 0^k,810.$$

La consommation de charbon pendant un jour sera :

$$2668^k,18 \times 0,810 = 2161^k,23.$$

et pendant 86 jours cette consommation s'élèvera à

$$2161^k,23 \times 86 = 185,865^k,78.$$

soit 186 tonnes en nombre rond. La dépense annuelle en charbon sera, en cotant la tonne à 35 fr. l'une, ci............. fr. c. 6510 »

La dépense en huile, graisse, chiffons, réparations, est à Niort de 2732 fr. 23 c. : en la supposant proportionnelle au travail de la machine, j'aurai pour Limoges 2732 fr. 23 $\times \frac{3}{2} =$ 4100 »

La dépense en salaires de mécaniciens, chauffeurs, est à Niort de 3500 fr. : je la calculerai pour Limoges à 3500 $\times \frac{3}{2} =$...... .... 5250 »

Dépense totale annuelle...... 15860 »

	fr.	c.
En capitalisant à 5 p. %, on obtient une somme de................	317200	»
qu'il faut ajouter à celle de premier établissement des appareils hydrauliques et à vapeur, trouvée précédemment de.....................	650000	»
L'élévation des eaux de la Vienne au réservoir coûterait donc, en capital, à la Commune.............	967200	»
tandis que, d'après les évaluations consignées au détail estimatif, les travaux de la prise d'eau à Grossereix, de l'aqueduc de dérivation avec ses regards, ses prises d'eau, ses déversoirs, son pont-aqueduc à la rencontre de la vallée de Brachaud, etc., etc., coûteront seulement, en nombre rond, ci........	656600 (1)	
Il y a donc une économie très-considérable en faveur de la dérivation de......................	310600	»

(1)

	fr.	c.
Ouvrages pour la prise d'eau à l'origine de la dérivation et dans le parcours, ci................	102624	63
Aqueduc de dérivation et ses accessoires........	518987	51
Ouvrages aux abords du réservoir.............	5021	62
Indemnités de terrains et dommages..........	30000	»
TOTAL.............	656633	76

Car l'entretien de l'aqueduc et de ses accessoires est insignifiant.

Indépendamment de cette augmentation de dépense, l'infériorité du système tendant à élever l'eau de la Vienne au réservoir par des moyens mécaniques consiste en ce que l'on doit renoncer à fertiliser par l'irrigation tous les terrains inférieurs à l'aqueduc sur le versant droit de l'Aurance et ceux aux abords de Limoges à l'aide des eaux transmises, dont le volume pourra s'élever jusqu'à 13000 mètres cubes par 24 heures, sans qu'il en coûte rien à la Commune.

Cette infériorité résulte aussi de ce que, en employant des moyens mécaniques, la dépense sera toujours proportionnelle au volume élevé, et que, par suite, on limitera nécessairement ce volume au strict nécessaire, c'est-à-dire aux besoins les plus urgents, tandis qu'une distribution ne produit les bons résultats qu'on doit en attendre que si l'eau est mise avec prodigalité à la disposition des habitants.

Pour terminer l'étude des systèmes qui ont été mis au jour afin d'approvisionner la ville de Limoges par des moyens mécaniques, je dois discuter celui qui consisterait à reporter la prise d'eau près de l'embouchure du ruisseau du Palais, à faire usage pour mettre les pompes en mouvement de la chute de l'usine du Puy-Moulinier, et à refouler dans un tuyau ascensionnel jusqu'au niveau du rail du chemin de fer, sur le viaduc du Palais, le volume de 3000^m cubes nécessaire au minimum de la consommation de la ville. Parvenues à ce niveau, les eaux seraient versées par les tuyaux dans un aqueduc en maçonnerie construit sous le fossé du chemin de fer ou les remblais, et seraient ainsi conduites jusqu'à un réservoir placé près de la gare. La partie de la ville en contre-bas du plan horizontal de ces rails serait alimentée par l'eau du réservoir dont je viens de parler, et la partie de la ville au-dessus le serait à l'aide de machines à vapeur faisant monter les eaux au réservoir de La Mauvandière.

Voici les données de la question :

	m.
L'étiage de la Vienne en amont du barrage du Puy-Moulinier est à la cote	221,105
Le rail sur le viaduc du Palais......	284,410
La hauteur brute à laquelle il faut élever par 24 heures un volume de 3000^m cubes d'eau puisés dans la Vienne est donc de......................	63,305
Mais à cette hauteur il convient d'ajouter les pertes de charge dans le tuyau ascensionnel de 0^m,30 de diamètre et de 2100^m de développement.......	3,850
En sorte que la hauteur effective est	67,155

La chute de l'usine du Puy-Moulinier est de 1^{m},135, et le débit de la Vienne en extrême étiage, celui qui a été trouvé à Limoges, c'est-à-dire 5^{m},811 par seconde.

La force motrice brute disponible est donc 6595^{km},485. En réduisant de 2/5, et retranchant ensuite le quart, on obtient pour le nombre de kilogrammètres fournis utilement à l'usine du Puy-Moulinier, ci . . . . 2967^{km},968

Soit en nombre rond . . . . 2968^{km} »

35 litres par seconde élevés à 67^{m},155 de hauteur représentent une résistance de . . . . 2350^{km},425

En sorte que la roue établie au Puy-Moulinier pourra faire parvenir à la hauteur du viaduc du Palais les 35 lit. par seconde dont Limoges a besoin au minimum, excepté pendant les glaces et les eaux fortes qui compromettront l'approvisionnement en l'amoindrissant, et même en le rendant impossible.

Les eaux étant parvenues à la hauteur du viaduc du Palais seraient, suivant l'hypothèse admise, introduites dans un aqueduc que l'on construirait en contre-bas du fond du fossé du chemin de fer si l'on obtenait l'autorisation de créer cette servitude sur le domaine de la Compagnie. Cet aqueduc aurait un développement de 6600^{m}, et amènerait les eaux dans un réservoir à établir, au droit de la gare, dans les terrains que la ville possède au bas de la terrasse du Champ-de-Juillet.

Sur les 3000m cubes ainsi conduits à ce réservoir, 1/6, ou 500m cubes, serait attribué à l'alimentation de la partie basse de la ville, tandis que 2500m cubes devraient être élevés chaque jour au réservoir de La Mauvandière par le travail d'une machine à vapeur et par le jeu de pompes aspirantes et foulantes.

Je n'évaluerai pas, comme je l'ai déjà fait, le capital de l'établissement de toutes les constructions et des appareils dont je viens de parler : on comprend qu'il devra être très-important ; mais je vais faire le calcul de ce qu'il en coûtera annuellement en combustible, huile, graisse, réparations et salaires :

	m.
La cote du rail dans le palier de la gare de Limoges étant de.........	254,612
et l'épanchoir du tuyau alimentaire dans le réservoir de La Mauvandière ayant pour cote..................	306,503
la différence de hauteur à franchir est	51,891

L'élévation d'un mètre cube d'eau à cette hauteur exigera, d'après les expériences que j'ai rapportées précédemment, une consommation de charbon de $\frac{0^k,3706}{41,50} \times 51^m,891 = 0^k,46338$.

2500^{m} cubes par jour, à 0^{k},46338 l'un, représentent une consommation de charbon quotidienne de 1158^{k},45, ou de 1^{t},15845. Dans l'année, cette consommation s'élèvera à 422^{t},834,

	fr.	c.
lesquelles, à 35 fr. l'une, font.....	14799	19
La dépense en huile, graisse, chiffons, réparations, sera, d'après ce qui a été expliqué précédemment, de $2732,23 \times \frac{2,5}{2} =$	3415	28
La dépense en salaires de mécaniciens et chauffeurs, $3500 \times \frac{2,5}{2} =$ ..	4375	»
DÉPENSE TOTALE annuelle....	22589	47
qui, étant capitalisée à 5 p. %, représente....................	451789	40

Il faut ajouter à cette dépense celle d'établissement des appareils hydrauliques et d'acquisition d'usine, de pose du premier tuyau d'ascension, de construction de l'aqueduc le long du chemin de fer et du réservoir près de la gare, d'établissement des machines à vapeur, des pompes élévatoires, du tuyau transmettant les eaux du réservoir inférieur au supérieur. Ce total ferait certainement une dépense au moins égale aux 650000 fr. établis précédemment, et, en réunissant les deux sommes, on trouverait 1101789 fr. 40 c. pour le prix de l'élévation des eaux de la Vienne.

Je pense que cette modification dans le système peut être écartée sans plus d'examen par motif d'économie, et par la raison décisive que, dans certains moments de l'année, l'approvisionnement pourra manquer à cause de l'état de la rivière et de l'absence de machines à vapeur venant à remplacer immédiatement la roue hydraulique lorsque celle-ci ne fonctionnera pas.

Le système adopté est celui d'un aqueduc de dérivation établi souterrainement.

Je n'ai donc point hésité, pour répondre aux vues de l'Administration municipale et du Conseil municipal de Limoges, à préférer à tout autre système celui d'un aqueduc de dérivation voûté, construit à un mètre au moins sous le sol naturel ou sous une couche de remblai d'égale épaisseur, et dont les conditions d'établissement sont d'amener à 89^m,753 au-dessus de l'étiage de la Vienne au pont Neuf, et par seconde, 35 lit. au minimum, et 153 lit. au maximum d'eaux propres à la boisson, dans les moments où il devient nécessaire d'accroître les ressources des fontaines actuelles, et, en tous cas, éminemment propres à satisfaire à tous les autres besoins inhérents à une cité populeuse et industrielle.

Ce système a été suivi pour l'approvisionnement de la ville de Dijon : il a parfaitement réussi ; on s'applaudit du peu de dépenses de son entretien. Il est si fort apprécié des juges compétents que, nonobstant une opposition très-vive et la mise au jour d'un grand nombre de projets, après une discussion très-approfondie, la ville de Paris lui donne la préférence, en ne reculant pas, afin d'assurer l'approvisionnement de la capitale, devant la construction d'un aqueduc souterrain de dérivation de 115415^{m} de développement, qui alimentera les réservoirs de Belleville et de Ménilmontant, et en écartant les procédés mécaniques pour l'élévation des eaux nécessaires.

Parmi les raisons décisives qui ont été données de cette préférence, je trouve, en première ligne, celle de la sécurité, qui sera ainsi acquise à la population tout entière et à l'Administration municipale, de ne point redouter d'interruption dans le service des eaux. Cette sécurité résultera de ce qu'un aqueduc établi souterrainement à la profondeur de 1 mètre sous la surface du sol, construit en bonne maçonnerie de mortier de chaux hydraulique, avec une cuvette qu'un enduit en ciment rend étanche, se trouve mis à l'abri des dégradations que la main de l'homme pourrait lui causer, et n'a plus à résister qu'aux filtrations ou aux dégradations provenant de l'écoulement des eaux.

Or les avaries des aqueducs résultant de cette cause sont extrêmement rares, et l'on peut citer en preuve de cette assertion celui de Montpellier, qui, depuis 1765 jusqu'en 1840, avait fonctionné sans aucune espèce de réparations et avec la plus grande régularité; l'aqueduc de Dijon, en service depuis vingt-deux ans, qui n'a pas éprouvé un seul jour de chômage; les aqueducs des Romains, qui, ayant été restaurés au moyen âge, après avoir subi les dévastations des barbares, sont tellement solides qu'on n'y touche jamais; les aqueducs de Carthage, qui viennent d'être l'objet de visites de la part d'un ingénieur français, lequel n'y a remarqué aucune trace de réparations.

Ce système de conduite des eaux triomphe donc même des efforts du temps, et son avantage inappréciable est, comme je l'ai déjà dit, d'ôter toute inquiétude aux administrations municipales, de donner toute confiance aux populations, d'éviter de grever les finances d'une ville de lourdes charges pour l'entretien et les modifications incessantes que réclame toujours le perfectionnement d'appareils mécaniques.

Je crois en conséquence que ce projet doit être préféré à tout autre pour fournir Limoges des eaux d'arrosage, des eaux industrielles et domestiques, et du supplément d'eau potable dont cette ville a besoin dès à présent dans les années de sécheresse extraordinaire, et dont elle aura dans l'avenir un besoin de plus en plus impérieux.

Le devis donnant une description détaillée des ouvrages qui composent le projet, je me bornerai à résumer ici les principales dispositions adoptées.

Prise d'eau.

La prise d'eau se composera des aqueducs de drainage nécessaires pour capter les eaux souterraines de la vallée, et les diriger vers l'origine de la dérivation, dans laquelle on règlera leur introduction à l'aide d'une vanne placée dans l'intérieur d'un regard ménagé sur cette origine.

Le radier de l'aqueduc de dérivation étant à son origine à 2^{m},385 en contre-bas du niveau de la berge de l'Aurance, les aqueducs de captation des eaux souterraines seront établis au fond des tranchées à 2^{m},60 au moins en contre-bas du sol.

Lorsque les eaux souterraines ne seront pas suffisantes pour alimenter la dérivation, il sera pourvu au déficit par l'emploi des eaux pérennes de l'Aurance, qui n'arriveront à la dérivation qu'après avoir été purifiées à travers un massif de cailloux, pierrailles et sable, dont la longueur sera de 40 mètres. Ce massif, servant de filtre, sera mis à l'abri des influences atmosphériques en le recouvrant par un remblai pilonné et gazonné. Un barrage à poutrelles sera construit en travers du lit de l'Aurance pour diriger les eaux vers le filtre

œuvre permettent d'effectuer sans trop de gène la visite de l'ouvrage et les menues réparations qui peuvent être nécessaires.

Il y aura dans le parcours de 10946^m des prises d'eau latérales pour introduire par déversement les eaux que l'on rencontrera en traversant les vallées ; cinq autres prises d'eau seront disposées de manière à pouvoir recueillir dans l'aqueduc, ou rejeter au dehors à volonté à l'aide d'un siphon, les sources mises à découvert.

Cinq déversoirs avec les aqueducs d'écoulement nécessaires seront ménagés sur le côté droit afin d'amener à ciel ouvert les eaux destinées à l'irrigation ou celles de trop plein de l'aqueduc.

Le radier présentera quatre chutes de 1^m,20 de hauteur ensemble, servant à l'aération de l'eau dans son trajet souterrain entre la prise d'eau et le réservoir de La Mauvandière.

Le nombre des regards établis sur le développement de l'ouvrage d'art sera de 107 ; savoir :

Regards ordinaires.................... 83

Regards au droit de l'emplacement des chutes du radier...................... 4

Regards établis à l'emplacement des prises d'eau latérales........................ 10

Regards établis à l'emplacement des prises

A reporter........... 97

Report..........	97
d'eau avec siphon.................. ..	5
Regards établis à l'emplacement des déversoirs d'irrigation ou de trop plein.....	5
Total pareil..........	107

Pont-aqueduc de Brachaud.

Ce pont-aqueduc servira à conduire les eaux d'un côté à l'autre de la vallée de Brachaud. Il évitera un développement d'aqueduc souterrain de 900^{m}. Sa longueur entre ces culées sera de 37^{m}, et sa hauteur au-dessus des eaux de la vallée, de 7^{m},93.

Il se composera de 7 arches en plein cintre de 4^{m} d'ouverture. L'aqueduc de dérivation conservera sa section ordinaire dans toute l'étendue de ce pont, et l'on aura soin de ménager à travers les culées les ouvertures nécessaires pour ne pas gêner l'irrigation de la prairie.

L'épaisseur des maçonneries enveloppant l'aqueduc préservera les eaux de la gelée en hiver, et d'une trop forte élévation de température en été.

Abords du grand réservoir.

Les eaux arriveront au bas du puits d'introduction dans le réservoir par une série de gradins, en tête desquels sera placée une vanne, afin qu'au besoin on puisse faire des réparations à ces gradins et au puits.

Sur le côté droit, il sera établi un déversoir de superficie qui conduira au jour, à l'aide d'un aqueduc, les eaux de trop-plein ou celles qu'on destinera à l'irrigation. Une vanne de fond sera placée près de ce déversoir, et, à l'aide d'un branchement sur l'aqueduc de vidange du grand réservoir, il sera possible de diriger dans ledit aqueduc, pour un motif quelconque, les eaux de la dérivation.

Réservoir principal de La Mauvandière.

Je me suis décidé, pour le projet de ce réservoir, à lui donner la forme circulaire, afin d'obtenir un plus grand approvisionnement d'eau avec le moindre volume possible de maçonnerie. J'ai du reste imité en cela ce qui s'est fait à Dijon avec succès.

Ce réservoir sera creusé dans le tuf qui forme le sous-sol du plateau de La Mauvandière, et présente des conditions très-favorables pour l'établissement d'un ouvrage semblable. Avec un diamètre intérieur de 33^{m} et une profondeur d'eau maximum de $4^{m},35$, il présentera une réserve de 3170 mètres cubes.

Les voûtes seront, en dessous du terrain naturel,

de $0^{m},80$ au minimum, et par suite les eaux se conserveront fraîches en été et à une température modérée en hiver.

En sortant de l'aqueduc de dérivation, les eaux parviennent, par une série de gradins, dans l'intérieur d'un puits où elles atteignent le même niveau que dans l'aqueduc.

C'est au fond de ce puits qu'est placé l'orifice du tuyau de conduite, et par conséquent l'origine du réseau de la distribution. Ce tuyau traverse diamétralement le réservoir, et son prolongement forme la conduite-maîtresse qui alimente toutes les autres, ainsi que les réservoirs secondaires.

Afin de pourvoir à toutes les nécessités du service, j'ai prévu, au centre du réservoir principal, deux autres tuyaux embranchés sur cette artère première; savoir :

L'un qui, après avoir traversé le massif du puits central, se relève verticalement, et présente, à sa partie supérieure, un évasement ou épanchoir par où s'opère le remplissage du réservoir, l'autre qui sert à mener dans la conduite-maîtresse les eaux accumulées dans ledit réservoir.

Des robinets vannes adaptés à ces trois tuyaux ayant chacun un diamètre intérieur de $0^{m},35$, comme la conduite-maîtresse elle-même, seront manœuvrés depuis le pavillon surmontant l'ouvrage, et l'on pourra, par le jeu de ces appareils :

1° Transmettre à la ville l'eau dérivée dans l'aqueduc sans dépenser l'approvisionnement du réservoir.

Dans ce cas, la charge dans le réseau de distribution sera réglée par la hauteur de l'eau dans le tube ascensionnel vertical. Si les besoins de la distribution absorbent moins d'eau que l'aqueduc n'en débitera, il y aura épanchement par-dessus le bord de ce tuyau, et une réserve se formera. Cette réserve s'ajoutera à celle déjà existante, ou bien il y aura débit par le tuyau de trop-plein.

2° Pendant la nuit, et lorsqu'on le jugera convenable, intercepter la transmission en ville des eaux de l'aqueduc, et procéder au remplissage du réservoir par l'épanchoir du tube ascensionnel.

3° Interrompre l'arrivée dans le réservoir des eaux de l'aqueduc, et pourvoir à l'alimentation du réseau de distribution en y introduisant seulement l'approvisionnement contenu dans le réservoir.

4° Faire concourir les eaux amenées par l'aqueduc et celles approvisionnées dans le réservoir à l'alimentation du réseau de distribution lorsqu'une circonstance grave l'exigera.

L'épanchoir couronnant le tube ascensionnel vertical sera mobile, afin que, dans les moments de très-basses eaux, lorsque la hauteur de la lame dans l'aqueduc de dérivation sera réduite de 0^{m},16 à $0^m,15$ au lieu d'être de $0^m,40$, comme cela sera moyennement, on puisse, en restreignant de $0^m,25$ la hauteur de l'approvisionnement dans le réservoir, procéder néanmoins au remplissage par l'épanchement de l'eau montant dans le tube ascensionnel.

Ce jeu des appareils permettra de satisfaire à toutes les nécessités du service de la distribution en ville, et fournira le moyen, dans les moments d'abondance, d'utiliser les eaux amenées par l'aqueduc à la porte de Limoges pour l'irrigation des terrains environnants, soit sur le versant de l'Aurance, soit sur celui de la Vienne.

Dans le radier du réservoir il sera encastré un tuyau de vidange, lequel débouchera dans un aqueduc construit pour l'écoulement des eaux. L'orifice de ce tuyau, placé au fond du puits central, sera ouvert à l'aide d'une soupape manœuvrée comme les robinets-vannes de l'intérieur du pavillon.

Distribution en ville.

La distribution des eaux dans la ville sera assurée au moyen du réservoir culminant de la Mauvandière, qui contiendra, ainsi qu'il a été déjà dit, un approvisionnement de 3170^m cubes.

Le radier étant à la cote de $302^m,113$ au-dessus du niveau de la mer, et la surface supérieure des eaux atteignant $4^{m},35$ en contre-haut de ce radier. on ne pourrait sans de graves inconvénients faire circuler sans interruption les eaux dans l'ensemble des conduites jusqu'aux points bas de la ville, qui sont inférieurs de 70 à 80 mètres au niveau déterminant la pression. Sous cette énorme charge, les parois des tuyaux seraient très-fatiguées, et l'écoulement intermittent des bornes-fontaines occasionerait des coups de bélier désastreux pour la solidité desdits tuyaux et des appareils divers.

J'ai donc été amené à étager, pour ainsi dire, le parcours des eaux, et, tout en alimentant directement par le grand réservoir lui-même une zone de la ville, de projeter six réservoirs secondaires, qui ajouteront 2830^{m} cubes à l'approvisionnement, et offriront, lors des incendies, des ressources très-précieuses pour combattre le fléau avec énergie.

Réservoirs secondaires.

Le premier sera établi sur la place du Foirail, près du mur de la terrasse de la place d'Orsay.

Le deuxième est prévu sur la place de La Mothe : il sera probablement possible d'utiliser le réservoir actuel en l'agrandissant, et lui donnant les nouvelles dispositions.

Le troisième sera construit sur la place Haute-Vienne.

Les eaux du grand réservoir parviendront successivement à ces trois réservoirs secondaires, et chacune des zones qu'ils doivent alimenter sera desservie par des embranchements sur la conduite principale.

Les eaux arriveront ainsi jusqu'au grand-séminaire, au pont Neuf et au pont Saint-Martial.

Le quatrième réservoir secondaire sera placé dans la cour de la caserne de la Visitation.

Le cinquième sera établi à l'embranchement du boulevard de la Pyramide et de l'avenue de Juillet;

Le sixième, sur la place Tourny, au-delà du tunnel du chemin de fer, et l'on desservira par ce moyen les autres quartiers de la ville jusqu'au pont Saint-Étienne.

Ces réservoirs secondaires auront 20^{m} de longueur sur 10^{m},80 de largeur dans œuvre, affectant en plan la forme d'un rectangle divisé en deux.

Leurs autres dispositions intérieures seront semblables à celles du grand réservoir culminant, et ils seront établis de manière à ce que le dessus des voûtes soit à un mètre en contre-bas du sol naturel.

Travaux de distribution.

Le réseau des conduites est projeté en tuyaux de fonte de fer. Je pense, d'après ce que j'ai vu exécuter à Niort, d'après ce qui a été fait à Dijon, ce qui est pratiqué à Paris et dans un très-grand nombre de villes, que cette nature de tuyaux est la meilleure qui puisse être choisie. Cependant j'ai voulu que l'estimation des dépenses fût faite comparativement en supposant l'emploi de tuyaux en tôle plombée à l'intérieur et bitumée à l'extérieur, suivant le système Chameroy, tuyaux que plusieurs ingénieurs ont signalés comme donnant de bons résultats. L'économie qui résulterait de cette modification serait, d'après les calculs portés au détail estimatif, de 140000 fr. ; mais je ferai observer que cette économie est calculée en supposant que la fonte pour tuyaux coûte 28 fr. les 100 kilog., et qu'il est probable que l'on pourra, en passant un marché spécial, obtenir une assez forte réduction sur cette évaluation ; qu'en conséquence il y aura prudence à compter seulement sur une économie de 100000 fr.

Malgré l'avantage énorme de cette modification, l'Administration ne devra se décider à la réaliser que s'il lui est bien démontré qu'aucun inconvénient sérieux ne peut en résulter pour la régularité du service hydraulique, et s'il lui est prouvé qu'elle ne sera pas exposée à un entretien dispendieux en raison de l'emploi de ces tuyaux en tôle plombée et bitumée.

Les avant-métrés, faits avec soin sur le plan de la ville, établissent que, pour transmettre les eaux depuis le grand réservoir jusqu'aux diverses prises projetées et aux six réservoirs secondaires, il faudra placer, savoir :

			mètres courants
En tuyaux de 0^{m},35 de diamètre intérieur			78
—	0^{m},216	—	3154
—	0^{m},162	—	1330
—	0^{m},135	—	1329
—	0^{m},108	—	2619
—	0^{m},081	—	1958
—	0^{m},06	—	4701

Le développement total du réseau alimentaire sera ainsi de. 15169

Dans ce total ne sont pas compris les tuyaux en plomb à poser pour raccorder les bornes-fontaines avec le branchement alimentaire de chacune d'elles. Ces tuyaux, dont la fourniture et la pose font partie de la dépense prévue pour les bornes, sont calculés devoir mesurer 410^{m}.

Ainsi que le fait observer M. Massaloux dans son Rapport, on n'a pu prévoir les conduites à établir pour les prises d'eau à domicile, attendu qu'il y avait incertitude complète sur ce point ; mais on trouvera facilement les ressources nécessaires dans le montant de la somme à valoir portée au détail estimatif.

Regards à ménager sur le trajet des conduites.

Ces regards seront au nombre de 110, savoir :

Pour la manœuvre des robinets-vannes, des robinets de décharge.................. 72

Pour celle des ventouses et des réservoirs à air.................................. 38

Total pareil.............. 110

Robinets-vannes; robinets à air et ventouses; cuves de distribution; réservoirs à air; colliers de prise d'eau.

Les robinets-vannes à placer sur le parcours des conduites, soit pour intercepter l'écoulement et vider un tuyau, soit pour modifier la marche des eaux, les concentrer dans une direction, etc., etc., seront au nombre de 123.

Les robinets à boisseau et les ventouses destinés à faire évacuer l'air contenu dans les tuyaux lors de la mise en charge des conduites, ou à donner un échappement à celui qui s'accumulera dans les cinq points culminants desdites conduites qu'il n'a pas été possible d'éviter, seront au nombre de 14.

Il sera placé des réservoirs à air à l'extrémité des conduites afin d'éviter les coups de bélier résultant de la manœuvre des robinets-vannes et de l'introduction de l'eau dans le réseau. On en a projeté 24.

Sur trois points les embranchements de tuyaux sont assez nombreux pour que, dans le but de faciliter l'écoulement, il ait fallu prévoir des cuves de distribution des parois desquelles partiront les diverses branches. Ces cuves seront au nombre de 3.

Les diverses artères du réseau exigeront pour leur réunion l'emploi de colliers dits de prise d'eau, afin de relier ensemble deux tuyaux de diamètres différents. On en a compté 97.

Evaluation des dépenses.

Les travaux prévus pour capter, conduire et recueillir les eaux dans le réservoir de La Mauvandière sont estimés 718789 fr. 38 c. A cette estimation il convient d'ajouter l'achat des terrains nécessaires à l'établissement du réservoir et de ses dépendances, ainsi que les indemnités à payer pour l'assiette de l'aqueduc dans le sous-sol et la réparation des dommages qui seront causés aux propriétés traversées pendant la construction. Une somme de 35000 fr. est prévue pour cet objet : elle doit être suffisante, car les travaux de l'aqueduc de Dijon, qui a 12694^{m},80 de développement, n'ont donné lieu qu'à une dépense, en indemnités foncières, tréfoncières et de dommages, de 31685 fr. 25 c., réglée par la voie amiable.

Voici du reste comment je comprends le règlement des indemnités :

Les terrains nécessaires à l'établissement de tous les ouvrages apparents seront achetés dans les conditions ordinaires des expropriations pour travaux d'utilité publique ; mais, en ce qui concerne la zone des propriétés dans lesquelles sera construit l'aqueduc souterrain de dérivation, on pourra, afin de causer le moindre dérangement possible aux propriétaires, leur laisser la liberté de passage sur cette zone acquise par la ville, et même le droit d'en cultiver la superficie et d'en percevoir les fruits sans payer de fermage, moyennant l'observation de certaines clauses restrictives stipulées dans l'intérêt de la conservation de l'ouvrage d'art.

J'ai consigné ces clauses dans une note à la fin du Rapport, et je prie le lecteur de vouloir bien s'y reporter.

En ce qui concerne les indemnités qui pourraient être dues aux usiniers et aux propriétaires riverains dont les forces motrices ou les ressources d'irrigation seraient amoindries, il faut considérer que je compte avant tout sur les eaux de la nappe souterraine de la vallée principale et des vallées latérales pour alimenter la dérivation ; qu'en conséquence l'introduction des eaux pérennes de l'Aurance dans l'aqueduc au moment de l'étiage, c'est-à-dire lorsque leur détournement peut être préjudiciable, ne sera jamais que partielle, et qu'il ne m'était pas possible, en présence de l'incertitude où je suis sur cette partie des eaux pérennes à détourner, de faire aucune supposition relativement aux dommages qui pourront être causés.

Avant que les travaux commencent, il sera nécessaire de constater contradictoirement quel est le régime actuel des usines, afin d'établir une base certaine d'appréciation.

Quant aux irrigations pendant les basses eaux, il sera également nécessaire de déterminer l'étendue des surfaces arrosées, et le volume d'eau qui leur est affecté, afin d'évaluer ce qui pourrait être dû si l'on absorbait une portion de ce volume.

Je n'ai pas dû au reste me préoccuper de cette question des irrigations pour le moment des eaux moyennes, attendu que, la ville pouvant alors rendre aux terrains inférieurs à l'aqueduc une partie des eaux qu'il débitera, les propriétés se trouveront, par cela même, dans une position meilleure qu'elles ne l'étaient avant sa construction.

	fr.	c.
Ainsi : la dépense de la prise d'eau, de la dérivation et du grand réservoir est de 718789 fr. 38 c. + 35000 fr.	753789	38
Les six réservoirs secondaires éta-		
A reporter	753789	38

	fr.	c.
Report	753789	38
geant la distribution en ville, et fournissant, en cas d'incendie, un approvisionnement rapproché du lieu du sinistre, sont évalués à........	93408	04
Le réseau des tuyaux de conduite est estimé.....................	247702	59
106 bornes-fontaines coûteront...	39750	»
Les regards sur le parcours du réseau, les appareils de distribution de toute espèce, excepté les bornes, figurent au détail estimatif pour une somme de.....................	74787	64
TOTAL des dépenses prévues....	1209437	65
Une somme à valoir, destinée à parer aux dépenses imprévues, a été portée à un chiffre supérieur au dixième du total qui précède, et fixée à.............................	140562	35
En sorte que le montant total de l'évaluation est de...............	1350000	»

Ainsi que le fait remarquer judicieusement M. Massaloux, cette évaluation aurait pu être inférieure au montant des dépenses faites à Dijon (1250000 fr.) pour amener le même volume d'eau avec un aqueduc un peu plus long si on n'avait pas dû tenir compte de l'accroissement considérable subi par le prix des ouvrages depuis l'année 1844, époque de la confection de ceux de Dijon, et aussi du prix des matériaux granitiques, notablement plus élevé que celui des matériaux calcaires employés par M. Darcy (1).

Je crois que des économies importantes pourront être obtenues sur les dépenses de 102626 fr. 63 c. prévues pour la prise d'eau à Grossereix et les recherches des eaux souterraines. — Une économie sera d'ailleurs réalisée sur les dépenses des tuyaux de conduite en admettant que l'Administration maintienne l'emploi de la fonte, ainsi que je l'ai supposé, attendu que j'ai porté à 28 fr. les 100 kilogrammes de fonte pour tuyaux, et que cette fourniture tend à baisser de prix. Cette économie atteindrait 100000 fr. en employant des tuyaux en tôle plombée à l'intérieur et bitumée à l'extérieur.

J'ai projeté les six réservoirs secondaires de manière qu'ils puissent contenir chacun, en moyenne, un approvisionnement de 470^{m} cubes. — Comme, d'après M. Regnault, un incendie très-violent ne consomme pas pour être éteint plus de

(1) Le prix du mètre cube de maçonnerie de moellon brut avec mortier de chaux hydraulique, exécutée avec le soin que mérite le travail de l'aqueduc de dérivation, était payé à Dijon 8 fr. 9551 : je suis obligé de le compter à 14 fr. 899. C'est une augmentation par mètre cube de 5 fr. 9439, et, pour 20189^{m},50, de 120000 fr. environ.

250^{m} cubes d'eau (c'est la consommation qui a eu lieu lors de l'incendie de la rue Haut-Lansecot), la capacité de ces réservoirs secondaires serait susceptible de réduction, et une économie notable pourrait encore être faite sur l'évaluation de...................... fr. c. 93408 04

Je ne parle pas de quelques autres économies qu'il sera facile de réaliser :

Je citerai, par exemple, la substitution dans tous les ouvrages souterrains de la pierre de taille calcaire à la pierre granitique, qui procurera une diminution de dépense de 50 fr. par mètre cube environ.

Ma conviction est donc que, en fixant le chiffre de 1350000 fr., j'ai posé un maximum destiné à parer à toutes les éventualités, et qui ne sera pas atteint.

La somme de 1350000 fr. est sans doute considérable; mais les détails dans lesquels je suis entré me paraissent suffisamment justifier cette dépense.

Il me semble d'ailleurs que, cette entreprise devant profiter à tout le monde, il devra être plus facile de faire accepter par la population les charges indispensables pour créer les voies et moyens d'exécution qu'il ne le serait dans toute autre circonstance.

La ville rentrera dans une partie de ses dépenses par le produit des concessions à faire aux particuliers, aux industriels, et par le produit que donneront les eaux d'irrigation qu'elle pourra déverser sur les terrains inférieurs au parcours de l'aqueduc et au niveau du grand réservoir.

CONCLUSION.

La situation actuelle de Limoges sous le rapport de l'approvisionnement d'eau est réellement déplorable. L'expérience que l'on vient de faire en **1861** et **1862** a certainement démontré à tout le monde la nécessité impérieuse de porter un remède à cette situation, et nulle entreprise d'utilité publique ne pourra être plus populaire que celle qui aura pour objet de faire cesser un état de choses intolérable, et de porter la ressource disponible par habitant de **10** litres à **64** litres par tête dans les grandes sècheresses extraordinaires.

Je livre donc avec confiance ce projet à l'examen du Conseil municipal, de l'Administration et de mes concitoyens, persuadé que je suis qu'il se réalisera, et que son exécution assurera la salubrité et l'embellissement de la ville, ainsi que le bien-être de tous les habitants.

Le jour où les eaux de l'Aurance, amenées par l'aqueduc de dérivation, viendraient se précipiter pour la première fois sous les voûtes du grand réservoir de La Mauvandière serait le commencement d'une ère nouvelle pour les conditions hygiéniques de nos rues, de nos places, de nos habitations et de tous les établissements publics.

L'Aurance avait attiré, il y a quelques années, l'attention d'un homme honorable et doué d'une vive imagination, qui malheureusement est mort jeune, M. Mallevergne de Lafaye. Les idées qu'il avait conçues pour dériver cette rivière n'étaient pas appuyées sur des opérations géodésiques suffisamment complètes, et elles avaient d'ailleurs pour but exclusif de conduire à Limoges les eaux pérennes débitées par la rivière, ce que j'ai démontré ne pas convenir à l'approvisionnement d'une ville; mais cette étude renferme des aperçus utiles, et il est fort possible que, dans un avenir un peu éloigné, on réalise, non pas au point où il l'avait projeté, mais dans les gorges tout à fait supérieures de la vallée de l'Aurance, le réservoir dont il avait fait la base de son système.

Ce réservoir fournirait le moyen d'assurer l'irrigation de grandes surfaces de terrain, et d'améliorer la marche des usines. C'est aussi dans ce but que l'on remarquera sur le plan général le tracé d'une longue rigole d'irrigation de 18 kilomètres de développement contournant les sinuosités du terrain dans le bassin du ruisseau du Palais et de tous ses affluents : cette rigole, après avoir desservi les irrigations de ce bassin, pourrait être mise en communication avec les eaux de l'Aurance par une coupure traversant la route impériale de Paris à Limoges, et présentant une profondeur qui ne dépasserait pas 5 mètres.

Il est manifeste que, lorsque le projet préparé pour la dérivation de l'Aurance sera exécuté, toutes ces améliorations, indiquées à titre d'éventualités à venir, se réaliseront, parce que dans la voie des progrès agricoles on ne saurait s'arrêter.

Il me reste à remercier ici de leur concours si dévoué et si intelligent MM. Massaloux et Pallier, qui ont été mes zélés collaborateurs pour mener à fin l'œuvre que j'avais entreprise. L'examen du projet démontrera mieux que mes paroles qu'ils ont bien mérité de la ville par leur travail consciencieux et persévérant.

Dressé par l'Ingénieur en chef de la
Haute-Vienne, soussigné,

GRELLET.

Limoges, le 28 août 1862.

APPENDICE.

Des conditions dans lesquelles seraient faites les acquisitions de terrains nécessaires à l'établissement de l'aqueduc souterrain pour la dérivation des eaux de la partie supérieure de la vallée de l'Aurance.

La ville de Limoges achètera le terrain nécessaire à l'établissement de l'aqueduc souterrain destiné à dériver les eaux de la partie supérieure de la vallée de l'Aurance. — Sauf sur quelques points, où des ouvrages accessoires à l'aqueduc exigeront une largeur plus grande, il suffira d'acquérir une zone de 1ᵐ de chaque côté de l'axe de l'ouvrage d'art, ou de 2ᵐ de largeur totale.

La ville aura la pleine propriété foncière et tréfoncière de ladite zone ; mais il sera fait réserve, au profit du vendeur, de ses héritiers ou ayants-cause, du droit de passage, de culture, de superficie et de récolte des fruits, sans payer aucun fermage ou redevance à la ville.

Ledit abandon des droits de la ville sur la propriété acquise par elle aura lieu aux conditions ci-après stipulées :

1° Il ne pourra être fait dans ladite portion de terrain aucune fouille ni excavation ; on ne pourra enlever aucune partie de la superficie actuelle, ni l'exhausser par des dépôts de terre, pierres ou autres objets ;

2° Il ne pourra être établi dans cette zone de terrain aucune sorte de constructions, encore qu'elles soient sans fondation ; on n'y plantera ni vigne ni aucun arbre ou arbuste de quelque espèce que ce soit ; on n'y cultivera pas non plus les plantes dont les racines pénètrent profondément en terre, et pourraient atteindre la voûte de l'aqueduc ;

3° La ville aura la faculté de placer sur ledit terrain les regards pour la visite de l'aqueduc, une ou plusieurs bornes indicatives de la situation et de la direction de cet ouvrage, et d'établir au pied desdites bornes un massif de maçonnerie en hérisson, dont la superficie, y compris l'espace occupé par la borne, sera d'environ un mètre carré ;

4° La ville aura à perpétuité le droit de passer sur ledit terrain, et d'y faire les fouilles qu'elle jugera convenables soit pour mettre à découvert les regards et visiter l'aqueduc, soit pour le réparer et même le reconstruire, à la charge, d'une part, de rétablir à ses frais en bon et dû état, autant que la nature du terrain le comportera, et avec le produit des fouilles, la superficie des portions qui auraient été creusées, bouleversées ou dégradées, et, d'une autre part, d'indemniser le superficiaire du dommage réel et effectif qui serait causé à sa récolte ou sa culture, selon que l'indemnité sera fixée par experts convenus amiablement, ou, à défaut, nommés l'un, par le Maire de Limoges, l'autre, par l'intéressé, et le troisième par le Juge de paix du canton où le fonds est situé ;

5° A titre de servitude inhérente à la propriété du surplus de l'héritage dont partie est vendue à la ville, et qui l'affectera à perpétuité entre les mains tant du vendeur que de tous ceux qui, à quelque titre que ce soit, le possèderont après lui, il est expressément interdit : 1° de faire des fouilles, fossés, fondations, puits ou excavations quelconques à moins de deux mètres de chacune des limites latérales de la parcelle vendue, c'est-à-dire à moins de trois mètres de chaque côté de l'axe de l'aqueduc; 2° de planter ou semer des arbres à moins de six mètres du même axe de chaque côté, et des vignes et arbustes à moins de deux mètres dudit axe pour chacun des côtés.

Il est entendu que, moyennant l'indemnité telle qu'elle sera réglée, le vendeur consent à ce que ladite ville de Limoges fasse disparaître, dans l'étendue des limites précédemment fixées, tous les arbres, toutes les constructions et objets généralement quelconques existant au moment des travaux, et dont le renouvellement est interdit.

Les matériaux démolis ou enlevés et les arbres arrachés seront remis au propriétaire.

Si, postérieurement à l'exécution des travaux, il était reconnu que des plantations et ouvrages quelconques existant ou effectués même au-delà des limites prescrites au présent article, nuisissent à l'aqueduc de quelque manière que ce soit, la ville de Limoges se réserve à perpétuité, au même titre de servitude, le droit de contraindre, en payant une juste indemnité, le propriétaire à les faire disparaître, enlever ou reculer, de manière à prévenir tous dommages ou dégradations pour l'aqueduc.

Lorsqu'on sera obligé d'effectuer des remblais sur l'aqueduc, le même procédé d'expropriation pourra être appliqué, à la condition que la superficie du sol ne soit pas devenue trop accidentée.

En ce qui concerne les terrains dans lesquels on recueillera les eaux souterraines moyennant l'établissement des aqueducs de drainage, il est certain que leur qualité se trouvera très-améliorée par le fait seul des travaux; et, si les propriétaires désirent en conserver la jouissance superficielle en cédant à la ville la propriété foncière et tréfoncière, rien ne s'opposera à ce que la ville traite avec eux, à ce point de vue, en leur imposant, dans l'intérêt de la conservation des nombreux aqueducs de drainage dont le réseau sillonnera le sous-sol, des conditions analogues à celles qui viennent d'être indiquées pour l'aqueduc de dérivation.

L'Ingénieur en chef de la Haute-Vienne,

GRELLET.

Limoges. Imprimerie de Chapoulaud frères.
Rue Montant Manigne, 7.